LUCILE DE CHATEAUBRIAND

SES ŒUVRES

PRÉCÉDÉES DE

SA VIE

PAR

ANATOLE FRANCE

CHARAVAY FRÈRES

ÉDITEURS

# LUCILE

DE

# CHATEAUBRIAND

SA VIE

SES ŒUVRES

# LUCILE

DE

# CHATEAUBRIAND

SES CONTES, SES POÈMES, SES LETTRES

PRÉCÉDÉS D'UNE

ÉTUDE SUR SA VIE

PAR

ANATOLE FRANCE

PARIS. CHARAVAY FRÈRES ÉDITEURS

RUE DE SEINE 51

1879

## AVERTISSEMENT DES ÉDITEURS

*Nous avons réuni pour la première fois en un volume les œuvres de madame de Caud, née Chateaubriand.*

*Cette jeune sœur de l'illustre René est une des figures les plus touchantes et les plus aimables du siècle. Elle n'était nullement femme de lettres, mais c'était un écrivain de race.*

*Deux contes qu'elle composa furent publiés de son vivant, mais contre son gré, dans le Mercure. Ses poèmes en prose furent donnés, peut-être avec quelques retouches, par Chateaubriand dans les Mémoires d'outre-tombe.*

Sa correspondance, révélée en partie dans ces mêmes Mémoires, fut complétée par la publication faite par Sainte-Beuve, en 1851, du portefeuille de Chénedollé. C'est un des chapitres les plus curieux du livre intitulé : Chateaubriand et son groupe, *publié chez l'éditeur Calmann Lévy*.

M. Anatole France a joint à ce volume une étude entièrement inédite qu'on jugera, croyons-nous, traitée en harmonie avec la délicate figure qui en fait le sujet.

C. F.

# VIE

# DE LUCILE

# VIE

# DE LUCILE

## I

Les Chateaubriand étaient de haute lignée.
Ils sortaient des Brien, qui eurent au xi° siècle
un château en Bretagne ; ils tenaient de Saint
Louis leur écu de gueule, semé de fleurs de lys
d'or ; ils avaient mêlé leur sang au sang des rois
d'Angleterre et s'étaient alliés à la fleur de la
noblesse française, aux Croï, aux Rohan et aux
Guesclin. François-Henri-René, leur héritier,
né en 1718, risquait de mourir de faim devant

son pigeonnier, entre sa garenne et sa grenouil-
lère. Mais c'était un Malouin résolu, trempé,
comme La Bourdonnais, comme Surcouf, dans
l'air salé. Il se fit corsaire, reçut et donna de
grands coups, passa aux îles et gagna quelque
argent dans les épices. A trente-cinq ans, déjà
vieux, roidi par les fatigues, tanné par les pluies
et les soleils, endurci par une dure vie, n'ayant
rien retenu de toutes ses aventures et ne sachant
rien, sinon qu'il était gentilhomme, il revint
en Bretagne et épousa Jeanne-Suzanne de
Bedée, fille du comte de Bedée, seigneur de la
Bouëtardais. Brune, laide et vive, pleine des
romans de M<sup>lle</sup> de Scudéry, dont les derniers
exemplaires traînaient encore dans les provinces,
c'était une précieuse attardée, gâtée par les lec-
tures et les sociétés, mais qui se sauvait par ses
distractions : elle s'oubliait et se laissait voir
dans tout le piquant de son naturel. Elle se fût
répandue en discours; mais son maître et seigneur la fit taire. Ce n'étaient pas des paroles
qu'il lui demandait, c'étaient des enfants. Il

n'avait trafiqué en Amérique que pour redorer son blason et pourvoir sa lignée. Ses quatre premiers nés moururent dans les langes, d'un épanchement au cerveau. Un cinquième, Jean-Baptiste, vécut; puis naquirent Marie-Anne, Bénigne, Julie et Lucile (1).

## II

En l'an 1766, M^{me} de Chateaubriand accoucha de sa quatrième fille, à Saint-Malo, dans l'étroite et sombre rue aux Juifs, au-dessus des vieux remparts de la ville, dans le bruit de la mer brisant sur des écueils.

Lucile avait deux ans quand il lui vint un petit frère, ce François-René qu'elle devait tant aimer, et sans qui le souvenir de tous ces fiers Chateaubriand moisirait aujourd'hui dans les in-folios des Saint-Luc, des Le Borgne et des Anselme.

(1) Les principales sources de la Vie de Lucile sont : *Mémoires d'outre-tombe*, tomes I, II, V et VI (Penaud frères, 1849, in-8°); *Esquisses d'un maître*, publiées par M^{me} Lenormant (Michel Lévy, 1850, in-18); et *Chateaubriand et son groupe littéraire*, par Sainte-Beuve, tome II (Calmann Lévy, 1878, in-18).

Lucile grandit trop vite; ses bras de fillette s'allongeaient et elle ne savait qu'en faire. Elle avait toutes les gaucheries et toutes les timidités. Vêtue à la grâce de Dieu des défroques de ses aînées, prise, par bienséance, dans un corsage à baleines qui lui faisait des plaies aux côtes, les cheveux relevés à la chinoise, le cou soutenu par un collier de fer, garni de velours brun, c'était une chétive créature. Elle était livrée aux gens de service par sa mère, qui courait tout le jour les réceptions et les offices, et rentrait à la maison pour gronder étourdiment son monde, fermer les armoires à clé, gémir et soupirer. Une vieille intendante, bavarde comme la nourrice de Juliette, prenait soin de la pauvre abandonnée. On menait tous les matins madame Lucile en robe courte avec monsieur le chevalier en jaquette, chez deux vieilles sœurs bossues qui enseignaient à lire aux enfants et qui désespérèrent de rien apprendre à la sœur comme au frère. L'opinion générale fut que Lucile était une sotte et François-René un cancre. La vérité est que tous deux avaient déjà dans leur petite tête un génie sauvage, hautain, indocile. Mais ce n'étaient, après tout, que des bambins. Il y avait au bout de la chaussée, qui rattache le rocher de Saint-Malo à la terre ferme, une butte plantée d'un gibet. Ils y jouaient aux quatre coins, et leurs cris levaient des compagnies de mouettes. Monsieur le chevalier, digne fils d'un corsaire, courait les aventures avec tous les petits garnements de la ville et rentrait le soir au logis en piteux équipage, nu-tête, avec des trous aux habits et à la peau. Lucile rapié-çait, la nuit, les culottes endommagées, et une chandelle de quatre sous éclairait cette petite Antigone bas-brette qui travaillait de l'aiguille pour épargner les gronderies et les punitions à son frère chéri. Mais les affaires du chevalier allaient de mal en pis, jusqu'au jour où il eut le malheur de jeter impoliment dans la mer M<sup>lle</sup> Hervine, que sa bonne repêcha. Cette affaire mit le comble aux disgrâces de François-

René qui, à l'âge de neuf ans, fut réputé un fort méchant homme. Lucile en prit du chagrin. Elle aimait et admirait ce frère qui, en toute rencontre, la défendait du bec et de l'ongle avec une audace de jeune coq. Noyés dans le même abandon, ils étaient tout l'un pour l'autre. Elle se troublait pour lui; ce furent ses premiers troubles. Ils devenaient inséparables, quand ils furent séparés. René fut mis au collège de Dol. Lucile fut emmenée par sa mère avec ses sœurs à Combourg, où le chef de la maison les attendait.

## III

M. de Chateaubriand avait, quelques années auparavant, racheté Combourg, vieille résidence de plusieurs branches de sa famille. C'était un sombre manoir qui, ceint de chênes séculaires et les pieds dans un étang, élevait ses murs nus, flanqués de quatre tours en poivrière, sous ce ciel capricieux qui, en changeant, change les pensées des hommes. A l'intérieur les corridors noirs, les galeries dans lesquelles on se perd, les grandes salles à poutres sculptées, où le jour ne pénètre qu'à travers les profondes embrasures des fenêtres en trèfle, les caveaux, les souterrains, toutes ces constructions faites pour une chevalerie sans cesse en garde, prenaient dans ce temps de paix un aspect monstrueux, absurde et vénérable.

e f            al  t à  e gé   t de pierre
                    t      è      Naturel-
                t  it h  t          spectres,
                              t  une jambe
        e        u  c  a  noir les es-
                    'ét    la jambe de
                          amputé au
                            Comme
                        c    stanciés
                      e donnent des
                        fantômes, ils
        p              eut aussi des
                  à      réels, bien que

mystérieux. Une nuit que les quatre sœurs étaient occupées à lire dans leur chambre la mort de Clarisse, elles entendirent des pas dans l'escalier. Aussitôt la bougie est soufflée et les quatre liseuses tapies dans leurs quatre lits. Le bruit des pas s'éloigne et s'éteint. Le lendemain, à dîner, leur père leur demanda si elles n'avaient rien entendu la nuit. On avait ouvert avant le matin un coffre placé devant la porte de sa chambre.

Quelque temps après, dans une soirée de décembre, le comte de Chateaubriand écrivait auprès du feu, dans la grand'salle ; une porte s'ouvre derrière lui ; il tourne la tête et voit un homme qui le regarde avec des yeux flamboyants. M. de Chateaubriand se lève, armé d'énormes pincettes. Mais l'homme avait disparu. On crut le voir mille fois, sous mille formes. Les histoires de voleurs ont aussi leur poésie.

Le village de Combourg, misérable et sale, était tapi à l'ombre des tours féodales. Et ce n'étaient à la ronde que bois de haute futaie, moulins moussus et landes parfumées. Ce n'est pas là la Bretagne bretonnante. On parle français dans l'évêché de Dol. Mais le pays est âpre et l'habitant sauvage. La noblesse des environs, gueuse et fière, venait le dimanche, après la messe, dîner au château. Compagnie honnête, mais de faible ressource.

Lucile vivait depuis trois ans en familiarité avec les revenants de Combourg quand ses deux sœurs aînées se marièrent et suivirent leurs maris. Puis ce fut le tour de la troisième, la très-belle Julie, qui épousa le comte de Farcy, capitaine au régiment de Condé. Ainsi s'égrènent les familles. Les trois sœurs vécurent avec leurs trois maris dans la petite ville de Fougères, où il y avait bals, assemblées et dîners. Elles étaient belles toutes trois. Ne croirait-on pas entendre conter le commencement d'une vieille ballade? Pendant ce temps, la vie de Lucile était monotone et triste dans le château silencieux. L'emploi des heures était sévèrement réglé.

Lucile avait une chambre attenant à l'ap-

partement de sa mère. Elle y déjeunait le matin
à huit heures. La cloche sonnait dès onze heures
et demie le dîner de midi. Le repas était servi
dans la grand'salle, faite pour cinquante cheva-
liers, et dont la boiserie blanche était couverte
de vieux portraits. Après le repas, on restait
une longue heure devant l'énorme cheminée,
aux côtés du père de famille, plus glacial et
plus morne que les portraits des ancêtres. A
deux heures, tandis que le comte s'en allait en
chasse ou à la pêche et que la comtesse priait
dans la chapelle, Lucile s'enfermait dans sa
chambre et rêvait jusqu'à ce que la cloche l'ap-
pelât pour le souper de huit heures. Par les
belles soirées, elle restait assise sur le perron,
près de sa mère, et regardait le soleil couchant
empourprer les arbres, pendant que son père
tirait les chouettes qui sortaient des créneaux
à la tombée de la nuit. L'hiver, on restait après
le souper dans la grand'salle. Lucile se tenait
devant le feu avec sa mère. M. de Chateaubriand,
grand et sec, le nez en bec d'aigle et les yeux

jaunes, coiffé d'un haut bonnet blanc; enveloppé d'une robe de ratine blanche, se promenait de long en large, muet et sombre. La comtesse soupirait par intervalles et Lucile n'osait faire un mouvement. Dans ce grand silence battait le cœur le plus agité qu'un sein de femme ait jamais renfermé. Cette chaste, cette fière Lucile exaltait dans la solitude son imagination déjà pleine de beautés et de troubles. M. de Chateaubriand prenait son chandelier d'argent, tendait à sa femme et à sa fille sa maigre joue, et s'allait coucher; alors Lucile accueillait en liberté ses fantômes familiers.

## IV

Son frère René, qui avait appris un peu de latin et de mathématiques à Dol, à Rennes et à Dinan, lui revint grandi, plein de pensées nouvelles, et animé de toutes les ardeurs de l'adolescence.

Lucile était devenue très-belle; son cou, débarrassé du collier de fer qui le soutenait autre-

fois, se pliait avec une grâce languissante et
noble. Une magnifique chevelure noire cou-
ronnait son visage pâle. Mais aucune joie
n'animait sa beauté. Tout l'affligeait. A dix-sept
ans, elle désespérait de la vie et soupirait après
le cloître, comme après l'inconnu. Il fallait son
intelligence et sa beauté pour donner du charme
à ses dégoûts de fille ignorante. Les lents désespoirs que les êtres jeunes traînent dans le
train ordinaire de la vie prennent forcément
une allure de bouderie monotone et prétentieuse.
Mais Lucile avait, pour relever ses mélancolies
quotidiennes, la fierté des Chateaubriand, une
âme profonde, et un génie plus voisin de l'âcreté
que de la fadeur. Sa maladie était de celles qui
ne mordent que sur les natures d'élite. Il y a
des infirmités rares pour les organismes supé-
rieurs. Lucile était profondément atteinte. La
crise éclata; ses troubles nerveux produisirent
des effets étranges. Elle eut des songes dont la
lucidité étonna ceux qui l'entouraient. Elle
s'asseyait la nuit, éveillée ou endormie, dans

l'escalier de la grosse tour, sous l'horloge dont les aiguilles, réunies pour marquer l'heure de minuit, lui rappelaient toutes les légendes merveilleuses de son enfance; alors elle entendait des bruits lointains de mort. Et les vieux chrétiens du villages avaient voir l'accomplissement de ses prophéties.

Trop sauvage pour s'attacher aux travaux domestiques, trop hautaine pour se complaire à ses devoirs de fille obéissante, elle donnait toute son âme à son frère René. Elle l'aimait avec souffrance et passion, ne sachant pas aimer sans souffrir, sans faire saigner son cœur. Un jour qu'ils se promenaient tous deux sous les châtaigniers, dans la robuste et verte antiquité d'un bois respecté, elle dit à son frère : « Tu devrais peindre tout cela. »

Pour elle, elle jetait ses rêves sur le papier. C'étaient des tableaux charmants et passionnés. René, qui avait déjà le secret des tristesses magnifiques et des désespoirs enchanteurs, lui révélait quelques lambeaux brûlants de Lucrèce ou de Virgile. C'est ainsi qu'ils mêlaient leurs souffles sur la bruyère déserte, au bord des forêts. Communions dangereuses ! Si la volupté pouvait toucher cette grave Lucile, c'est bien dans le vague de la poésie et sous le voile d'une belle tristesse. Sublime et malheureuse enfant, elle nourrissait ainsi les chimères qui devaient la dévorer. Pourtant, c'est le frère et non la sœur chez qui d'abord la crise fut terrible. Il courait toute la nuit à l'aventure, ouvrait les bras, poussait de grands cris, haletant, éperdu. Puis il s'abattait lourdement et pleurait de longues heures. Il voulut mourir et alla jusqu'à mettre dans sa bouche le canon de son fusil de chasse. Enfin une fièvre violente le saisit. Il fut six semaines entre la vie et la mort. Lucile le veilla, le soigna, le sauva.

## V

Cette âme en peine crut un moment reconnaître dans la réalité la forme de son rêve. Son frère aîné, qui venait quelquefois à Combourg,

y amena un jour un jeune conseiller au parle-
ment de Bretagne, dont le nom rappelait la lé-
gende encore récente et toute vive d'un jeune
poète mort de génie et de misère. Il se nommait
M. de Malfilâtre et était cousin de l'auteur du
*Génie de Virgile*. Lucile l'aima. Il n'en sut
rien et partit. Elle retomba dans sa solitude et
s'y rongea. René, titulaire d'un brevet de sous-
lieutenant au régiment de Navarre, quitta Combourg. Bientôt après, le 6 septembre 1786, à
l'heure où la cloche sonnait le souper familial,
M. le comte de Chateaubriand tomba mort su-
bitement. L'apoplexie foudroyante épargna
l'embarras des adieux à cet homme qui n'avait
jamais prononcé de sa vie une parole de tendresse. Lucile, alors chanoinesse de l'Argentière,
attendait son transfert au chapitre de Remiremont. Ce canonicat séculier n'enlevait pas à
la vie mondaine ses nobles affiliées, et ce n'était
qu'une manière de dotation pour les cadettes
de grande maison. Lucile put faire les preuves
de seize quartiers qu'on exigeait à Remiremont.

En attendant son transfert, elle alla rejoindre
à Fougères Julie, sa sœur préférée.

## VI

La belle M^me de Farcy, dont on vantait
l'esprit et les bras, sentait alors les premières
atteintes de la maladie qui devait la conduire
à la piété et lui faire échanger l'éventail contre
le crucifix. Le paradis perdrait de son agrément
s'il se fermait aux saintes de la dernière heure.
Elle n'avait pas encore atteint le plus haut degré
de la perfection chrétienne. Elle voulait guérir
et consentait à plaire. C'est en Bretagne qu'elle
souffrait ; elle crut qu'elle souffrait parce qu'elle
était en Bretagne. Elle espérait tout de l'air
de Paris. C'est un air de fête, et les femmes se
guérissent en dansant. Elle fit ses malles. Lucile et René l'accompagnèrent. C'est le vieux
philosophe Delisle de Sales qui leur trouva un
logement. Il les établit au haut du faubourg
Saint-Denis, dans les pavillons Saint-Lazare.
Ce bonhomme était le premier individu de

l'espèce littéraire que voyait Lucile. Ami de la nature, homme sensible et vertueux, son esprit, qu'il croyait unique, était celui du jour. Il fit une Vie d'Orphée dans laquelle Orphée ressemble singulièrement à Turgot. On y lit cette phrase mémorable : « Orphée avait des vertus : il fut persécuté. » Ce vieux philosophe était un fort honnête homme, qui rendit de bons offices aux deux dames bretonnes. Lucile, transplantée dans les salons de Paris, y répandit son parfum sauvage. Chamfort la vit et elle fut remarquée par l'homme le plus spirituel de France. M<sup>me</sup> de Farcy, qui avait des amoureux et qui se moquait d'eux, était une très-honnête femme et une femme charmante. Elle aimait les lettres. Elle savait son Parny par cœur et traduisait à loisir les *Saisons* de Thomson.

L'Angleterre était alors à la mode. On vantait ses poètes, sa constitution et ses jardins. Devenue pieuse, cette adorable Julie disait : « Que répondrai-je à Dieu, quand il me demandera compte de ma vie ? Je ne sais que des vers. » Vit-on jamais pêcheresse plus innocente, plus honnête et plus aimable ? Lucile connut à Paris l'illustre Malesherbes, de qui elle était parente par alliance, car le frère aîné de Lucile avait épousé la petite-fille de ce magistrat philosophe. Ce titre, qu'on lui donnait, peint bien l'homme qui, sorti des plus grands emplois, se mit à voyager à pied par l'Europe, selon la méthode de son maître Jean-Jacques. Un tableau dans la manière de Greuze et de Diderot, c'est M. de Malesherbes dans sa maison, au milieu de ses enfants et de ses petits-enfants, et Lucile en bergère lui chantant un couplet pour sa fête. L'histoire dit que la Bas-brette but un doigt de champagne pour se donner du cœur. Le vieillard dut la bénir. C'était l'habitude alors de bénir. Il lui promit de plus qu'elle serait chanoinesse de Remiremont. On était à la veille de la Révolution, qui devait emporter l'abbaye de Saint-Romaric avec tout le reste du monde féodal. Toute la société française était pleine d'espérance. M. de Malesherbes, nourri d'Encyclopédie, voyait avec joie le fanatisme expirer et saluait le règne nouveau de la tolérance, de l'humanité, de la fraternité universelle.

## VII

C'est en Normandie, dans un manoir rustique de M<sup>me</sup> de Farcy, que Lucile apprit les premiers troubles. Elle retourna à Paris, par curiosité sans doute, dans l'été de 1789, avec René, son frère, et sa sœur Julie. De quoi parlèrent-ils en route ? De ce dont tout le monde parlait : du pillage de la maison Réveillon, de l'ouverture des États Généraux, du Serment du Jeu de Paume et de Mirabeau. Aux abords de la capitale, l'agitation se sentait dans les villages. Les paysans arrêtaient les voitures, demandaient les passeports et interrogeaient les voyageurs. Nos Bretons virent, en traversant Versailles, les troupes casernées dans l'Orangerie, les trains d'artillerie parqués dans les cours, la salle de bois de l'Assemblée nationale élevée sur la place du Palais, et les députés allant et venant. Les voyageurs passaient la tête hors de la portière. C'était curieux, en effet. Les révolutions sont des spectacles; une de leurs séductions est d'amuser les yeux. Chacune de leurs journées apporte au divertissement populaire. Versailles montrait la majesté de la loi. Paris offrait des tableaux plus variés : rassemblements, défilés, rixes, haillonneux faisant queue à la porte des boulangers. On parle d'immortels principes; mais le pain quotidien est la grande affaire. Lucile était à peine installée avec M^{me} de Farcy dans un hôtel garni de la rue Richelieu, quand une insurrection éclata. Il y en avait toutes les semaines. Ce jour-là, le peuple (c'est ainsi, je crois, qu'on nomme toutes les foules sans nom), le peuple se portait à l'Abbaye pour délivrer des gardes-françaises arrêtés par ordre de leurs chefs. Des artilleurs se mêlaient aux faubouriens. Quelques jours après, on eut cette charge de Royal-Allemand que le prince de Lambesc commanda avec une légèreté qui n'était plus de mise alors. Le prince de Lambesc culbuta un vieillard, et aussitôt soixante mille citoyens équipés en gardes nationaux sortirent des pavés des faubourgs. Le 14 juillet, une bande d'insurgés enleva la Bastille à quelques invalides commandés par un gouverneur qui ne fit pas son devoir, si toutefois le devoir était alors de se défendre. Cette facile victoire de la populace s'acheva en massacres. Mais la Bastille était renversée. Le monde féodal croulait avec elle. Je ne crois pas que Lucile en fut surprise; elle ne voyait pas la Révolution à travers un œil-de-bœuf de Versailles. Elle ne croyait pas, avec la cour, qu'on pût arrêter par des intrigues d'antichambre l'élan d'un peuple. Bailly, nommé maire de Paris, commença à croire que tout était pour le mieux dans la meilleure ville du meilleur des royaumes. Louis XVI vint à l'Hôtel de Ville et se montra au peuple avec une grosse cocarde à son chapeau. Près de lui, Bailly pleurait d'attendrissement, de joie et de béatitude en songeant qu'il avait fini la Révolution. Louis XVI pleura comme lui. Sans doute, dans son épaisse candeur, il était content aussi.

Le bon Bailly n'était pas encore remis de son attendrissement civique, quand Lucile, accoudée avec sa sœur et toute la famille bretonne aux fenêtres de l'hôtel, entendit crier : « Fermez les portes; fermez les portes! » Elle vit venir une troupe d'hommes en guenilles, et chercha à voir ce qu'il y avait sur deux piques qu'on escortait avec des huées. Elle vit que c'étaient deux têtes coupées et tomba évanouie. Ces têtes étaient celles de Bertier et de Foullon. A compter de ce moment, elle eut horreur de la Révolution. Dans la nuit du 4 août, sur la motion du vicomte de Noailles, les droits féodaux furent abolis, sacrifice léger pour une cadette de Bretagne qui ne possédait que son nom et méprisait tous les biens de la terre.

La Révolution suivait son cours. Il y avait partout une plénitude de vie, un contentement d'être et de jouir. On chantait. La belle société, qui gardait son élégance et son goût, y ajoutait une pointe d'impertinence. Mais le ton était parfait chez M<sup>mes</sup> de Foix, de Simiane, de Vaudreuil, que Lucile voyait. C'était un monde éloigné de la cour et des clubs, sage, sans préjugés, sans vices, sans force.

## VIII

Au commencement de 1791, Lucile, retournée en Bretagne, dit adieu à son frère qui partait pour l'Amérique. François-René s'en allait chercher des images nouvelles et un désennui sur les bords du Mississipi. Il donna une couleur scientifique à son voyage, mais c'était l'aventure qui le tentait. Il était Malouin, et les Malouins tiennent pour proches tous les pays dont ils ne sont séparés que par la mer. Il vit Washington et sentit la grandeur de ce soldat citoyen. Il découvrit à la hâte quelques campements de sauvages et abrégea sa course. Lucile avait à Saint-Malo une amie, petite-fille de feu M. de Lavigne, chevalier de

Saint-Louis, et orpheline depuis l'enfance, dont elle sortait à peine.

M^lle de Lavigne avait dix-sept ans quand Chateaubriand revint d'Amérique. Blanche et blonde, charmante, sur la chaussée de Saint-Malo, dans sa pelisse rose, enflée par le vent de la mer, elle avait de plus une fortune de cinq à six cent mille francs en rentes sur le clergé. Lucile s'employa à la faire épouser à son frère qui joua le sauvage, mais fit sa cour. Le mariage, célébré par un prêtre non assermenté, fut secret. Un M. de Vauvert, oncle de la demoiselle et grand démocrate, cria au rapt et fit enfermer sa nièce à Saint-Malo, dans le couvent de la Victoire, où Lucile s'enferma avec elle. La cause fut plaidée et le mariage jugé valide au civil.

## IX

Sortie avec M^me de Chateaubriand du couvent de la Victoire au printemps de 1792, Lucile suivit sa sœur Julie et les nouveaux mariés à Paris, où ils logèrent au petit hôtel de Villette, dans le cul-de-sac Férou, entre les tours de Saint-Sulpice et les arbres du Luxembourg, lieu discret, aimé des prêtres. Son frère émigra dans l'été. Lucile resta dans le faubourg Saint-Germain. Ginguené et Chamfort, qu'elle voyait, trouvaient la situation bonne ; ces gens d'esprit comptaient sur la sagesse du peuple. Dans le fait, la capitale était en proie à la plèbe. Quotidiennement les tambours appelaient les sections aux armes, des bandes de citoyens en bonnet rouge et armés de piques défilaient en chantant le *Ça ira* et la *Marseillaise.* Les crieurs criaient *les Révolutions de Paris, par le citoyen Prud'homme, la grande colère du père Duchesne* et *l'Ami du peuple de Marat.* Les prisons étaient pleines. Dans l'atmosphère de trouble qui l'entourait, Lucile, énervée, souffrante, en proie au mal des vierges, eut des extases et des visions. Un jour, étant devant une glace, elle poussa un grand cri, et dit :

3

— « Je viens de voir entrer la mort. »

Ses sœurs purent croire qu'elle avait le don de seconde vue : à quelques jours de là, M<sup>me</sup> Ginguené, instruite par son mari, vint les avertir qu'on massacrerait le lendemain dans les prisons. En effet, le 2 septembre, des prêtres, amenés en fiacre à la prison de l'Abbaye, furent massacrés. Un Maillard, assassin paperassier, mit de l'ordre dans la boucherie. Quand ce fut fini, content de son ouvrage, il conduisit ses hommes aux Carmes, où cent quinze prêtres furent égorgés séance tenante.

Le tribunal révolutionnaire fut institué le 10 mars 1793, et la guillotine dressée en permanence sur les places publiques. Qui régnait alors en France? La Convention? Le Comité de salut public? Non. La peur! Ces hommes, qui envoyaient à la mort les petites gens comme les notables, les républicains comme les royalistes, et leurs propres amis de préférence, ces hommes-là étaient misérablement épouvantés. Les victimes seules étaient sans

crainte. Le supplice leur semblait chose naturelle, chose due. Des femmes adorées, en met-
tant sous le couteau de la guillotine un cou charmant qu'on eût baisé au prix de la vie, donnaient
un goût distingué, un charme à l'instrument de
mort. Lucile, sœur d'émigré, était suspecte.
Elle se cacha chez M^mo Ginguené qui, en la re-
cueillant, devenait suspecte elle-même et pas-
sible de mort. Les femmes prodiguaient alors
l'héroïsme domestique. Mais il n'y avait pas de
retraite sûre. Partout la délation, et sans cesse
des visites domiciliaires; pas un marmiton qui
ne se crût un Brutus pour avoir dénoncé comme
conspirateurs à la municipalité les maîtres qui le
nourrissaient. A la première délation, les gardes
de la municipalité accouraient, fouillaient la maison de la cave au grenier, lardaient les matelas
de coups de baïonnette, forçaient les tiroirs,
jugeaient, sans savoir lire, de l'importance des
papiers, et buvaient volontiers une bouteille de
vin, car ils étaient en somme bons compagnons.
Quand ils surprenaient les dames en chemise,

ils avaient le mot pour rire. Un vrai sans-culotte sait unir la gaudriole au civisme. On est Français, mille tonnerres !

Lucile put quitter Paris, dont les barrières étaient pourtant gardées par une milice vigilante. Elle s'enfuit en Bretagne.

## X

La terreur régnait sur cette terre féodale et catholique. L'héritière des Chateaubriand fut arrêtée. On parla de l'enfermer à Combourg, devenu propriété nationale. Mais elle fut jetée, avec sa belle-sœur, dans un cachot de Rennes. Elles y attendaient leur jugement, la mort. Une gazette leur apporta les nouvelles de Paris. Elles y lurent ceci :

TRIBUNAL CRIMINEL RÉVOLUTIONNAIRE
Du 3 Floréal an II.

. . . . . . . . . . . . . . .

« G.-G. Lamoignon Malesherbes, âgé de 72 ans, natif de Paris, ministre d'État jusqu'en 1788, ci-devant président de la

Cour des Aides de Paris, demeurant à Malesherbes;

« A.-M.-T. Lamoignon Malesherbes, âgée de 38 ans, native de Paris, veuve de Lepelletier Rosambo, à Malesherbes;

« A.-T. Lepelletier Rosambo, âgée de 23 ans, native de Paris, femme de Châteaubriant, à Malesherbes ;

« J.-B.-A. Châteaubriant, âgé de 34 ans, natif de Saint-Mâlo, ex-marquis, capitaine au régiment ci-devant Royal-Cavalerie, à Malesherbes.

. . . . . . . . . . . . . . . .

« Convaincus d'être auteurs ou complices des complots qui ont existé depuis 89 contre la liberté, la sureté et la souveraineté du Peuple, par suite desquels le tyran, ses agens, complices et tous les ennemis du Peuple, ont tenté par l'abus d'autorité, par la corruption, par la guerre extérieure et intérieure, par les trahisons, les violences, les assassinats, les secours fournis en hommes et en argent aux en-

nemis du dehors et du dedans, par des corres-
pondances criminelles et des intelligences en-
tretenues avec eux, et par tous les moyens possibles, de dissoudre la représentation nationale,
de rétablir le despotisme et tout autre pouvoir
attentatoire à la souveraineté du peuple :

« Ont été condamnés à la peine de mort. »

Cela voulait dire que M. de Malesherbes,
M^me la présidente de Rosambeau, sa fille,
M^me la comtesse de Chateaubriand et le comte
de Chateaubriand avaient été guillotinés le
même jour, sur le même échafaud.

La vieille mère de Lucile, traînée à Paris, y
était sous les verroux. Pendant ce temps René,
retiré à Londres après le licenciement de l'armée de Condé, errait dans le parc de Kensing-
ton et là, sous un ciel mélancolique, esquissait
les premiers crayons de son *René*, peintures
d'âpre volupté et de tristesse amoureuse où sa
sœur était mêlée, avec l'indiscrétion du génie,
sous le nom d'Amélie.

# XI

Dans cette terrible année 1795, la prisonnière
de Rennes épousa un vieillard, le comte de
Caud, « pour se soustraire aux persécutions. »
Les circonstances de ce mariage sans amour
sont restées obscures. Ce vieux ci-devant, dont
l'intervention dans la destinée de Lucile est
inexplicable, mourut après quinze mois de
mariage, si toutefois il y eut mariage en fait.
Quoi qu'il soit de M. de Caud, le 9 thermidor,
mieux que lui, sauva Lucile, sa belle-sœur et
sa mère. Mais M^me la comtesse de Chateaubriand mourut presque aussitôt et M^me de Farcy
lui survécut de peu de jours. Lucile vécut
égarée, éperdue, et erra comme une âme en
peine sur tant de ruines.

# XII

Le 19 brumaire apporta la paix intérieure à
la France nouvelle. La liberté était perdue;
mais la Révolution, transformée en dictature,
se poursuivait. L'ancien régime était bien mort.

C'est le nouveau qui s'organisait sous le consu-
lat de Bonaparte. Les salons se rouvraient
dans la capitale rassérénée. M<sup>mes</sup> de Staël,
Suard, Récamier, Joseph Bonaparte, retenaient
chacune dans son cercle un groupe de philo-
sophes et de gens de lettres. Chateaubriand, revenu en France en 1800, vit s'ouvrir à lui un
salon discret et doucement animé par une société délicate. MM. Joubert, Fontanes, Bonald,
Molé, Pasquier, s'y groupaient autour de M<sup>me</sup> de
Beaumont.

Pauline de Beaumont était la fille d'un ministre de Louis XVI, le comte de Montmorin,
guillotiné pendant la Terreur. Échappée à
l'échafaud qui avait pris presque toute sa famille,
elle semblait se survivre à elle-même et
coulait dans la société nouvelle comme une
ombre voilée. Ses beaux yeux, d'un éclat cui-
sant, brillaient sur son visage pâle et consumé.
Son charme, profondément ressenti par les
habituées de son cercle, était vif, mais sans
douceur. Elle avait la rigidité des âmes frappées

de trop de coups et martelées par le malheur. Les grands deuils se portent avec une sorte de raideur. M<sup>me</sup> de Beaumont ne se livrait, ne s'abandonnait plus. D'ailleurs, atteinte de consomption, il ne lui restait plus que le souffle qu'elle allait bientôt perdre.

Ce fut dans sa maison de Savigny, à l'automne de 1802, que M<sup>me</sup> de Beaumont reçut Lucile pour la première fois. Cette maison, située à l'entrée du village, adossée à un coteau de vignes et regardant les bois, donnait alors l'hospitalité à la famille Joubert, à M<sup>me</sup> de Chateaubriand et à René, qui y terminait le *Génie du Christianisme*. M<sup>me</sup> de Caud y fut accueillie avec un mélange d'admiration et de pitié. Elle se sentit, de son côté, prise de sympathie pour son hôtesse.

Ces deux femmes se lièrent vite d'une étroite amitié. Ce fut, de la part de Lucile, de brusques chaleurs, des élans impétueux. Sa tête se prenait. L'amitié grondait en elle comme l'amour. L'orage était dans tous ses sentiments. Tout lui était trouble et passion.

Mais, si les tristesses de Lucile étaient d'une qualité rare et si la mélancolie d'une âme dépareillée n'est pas sans beauté, il faut bien le dire, un caractère immodéré comme le sien était fatigant dans l'intimité. Les rares infortunes, quotidiennement étalées, perdent de leur noblesse et se tournent en moues et en querelles. « Ma sœur était déraisonnable, » dit Chateaubriand, et il dit vrai. Impétueuse, fantasque, pleine de contradictions, détachée de tout et s'attachant à des riens, prête à tous les renoncements et multipliant les exigences, sentimentale et défiante, se croyant sans cesse persécutée, elle était parfaitement insociable. Vivant avec ses sœurs et sa belle-sœur, elle les désespérait. M^me de Chateaubriand, qui paraît l'avoir longtemps accueillie et soutenue, se lassa. Lucile, à charge à elle-même et aux autres, errait de gîte en gîte sans trouver d'oreiller où reposer sa belle et malheureuse tête.

Dans l'automne de 1802, elle vit chez M^me de Beaumont un jeune poète revenu d'exil en même

temps que René. Il se nommait Chênedollé.
Pour son malheur, elle fut remarquée et
aimée de lui.

## XIII

Charles-Julien Lioult de Chênedollé était de
trois ans plus jeune que Lucile. Issu d'une
famille de robe, né dans la grasse vallée nor-
mande de Vire où les couplets d'Olivier Basselin
et de Jean le Houx avaient jailli naturellement
comme le cri de l'alouette, il ne sentait point
en lui les robustes gaietés des compagnons du
Vau-de-Vire. Sa mère, « ingénieuse, dit-il, à
se troubler elle-même, » ne vécut « que d'an-
goisses et d'alarmes. » Il tenait d'elle une âme
triste et douce et la maladie du siècle. Son adolescence s'éveilla dans les prés, à la lecture de
Gessner et de Jean-Jacques. Il sut garder l'innocence ornée de ces premières heures et se
prit d'amour pour la chose rustique. Il aimait
les travaux champêtres. La vue des paysans
lui rendait sensibles les pages des poètes

descriptifs. Jeune disciple de Bernardin de
Saint-Pierre, il ne savait pas ce qu'on faisait
dans les villes; il apprit tout à coup qu'on y
faisait la Révolution. Ce vieux monde qui
croulait avec la monarchie, c'était le sien. Il
partit pour l'émigration, et, comme Chateaubriand, s'enrôla dans l'armée des princes.
Après une double campagne, il fut jeté, avec
les débris de l'armée royale, sur les glaces de la
mer du Nord. Licencié par la défaite, il se
rendit à Hambourg, où il connut Rivarol, dont
la conversation brillante et froide lui fit l'effet
d'un feu d'artifice tiré sur l'eau. Le malheur
fut que Rivarol donna au jeune émigré une
idée de poème, une de ces idées à la Roucher
et à la Saint-Lambert qui traînaient alors dans
l'air des salons.

— Faites un poème de la nature, lui dit
Rivarol.

Ainsi fut conçu le *Génie de l'homme,* poème
en douze chants, dont les alexandrins insipides
commencèrent à s'aligner, et un petit Apollon

rustique ne vint point tirer l'oreille à l'enfant normand qui, au lieu de chanter les moissonneurs du val de Vire, exposait en vers le système de Copernic. Non, il n'avait point en lui de démon pour l'avertir; il obéissait sans révolte; il était né disciple et ne savait que changer de maître. C'est ainsi qu'il tomba de Rivarol en Klopstock. Quand il vit le vieil épique, dont la figure ridée souriait avec douceur, il crut voir un Dieu, et resta accablé. Le bonhomme, pendant cette visite, échenillait ses pruniers. Chênedollé quitta Hambourg et se rendit en Suisse, où il connut M^me de Staël. Il rentra en France en 1802, et rencontra à Paris Chateaubriand qui revenait d'Angleterre. Les émigrés rentraient peu à peu dans leur patrie et ne se cachaient plus. Un faux nom suffisait pour endormir la loi déjà caduque.

Chênedollé et Chateaubriand ayant tous deux servi dans l'armée de Condé,

*Tecum Philippos et celerem fugam...*

se sentant même goût pour la poésie, se

voyaient tous les jours, se confiaient leurs projets et mêlaient leurs rêves.

## XIV

Lucile vit Chênedollé et fut touchée. Elle voyait presque un frère en ce frère d'armes de René, qui, comme René, avait connu la défaite, l'exil et la pauvreté, et qui était poète aussi. Elle s'oublia à le plaindre, et M^{me} de Beaumont fut la confidente de ces nobles faiblesses.

Qui ne sait compatir aux maux qu'il a soufferts? soupirait Lucile avec une tristesse ornée de littérature. Et M^{me} de Beaumont, hardie comme une honnête femme, écrivait au jeune amoureux : « Elle vous plaint, elle vous plaint. »

Chênedollé ressentit pour la sœur de son ami ce sentiment triste et délicieux qui de tout temps fut l'amour.

Ἥδιστον... ταὐτὸν ἀλγεινόν θ' ἅμα.

Chateaubriand approuvait les assiduités de son ami.

Chênedollé parla et fut écouté :

— Vous serez à moi ?

— Je ne serai point à un autre.

Ainsi s'engageait Lucile. Mais hélas ! ce n'é-
taient point les riches promesses d'une âme de
vingt ans. De la jeunesse, Lucile ne gardait que
les derniers éclairs. Elle touchait au retour et
sentait confusément que ses heures étaient
comptées, qu'il était tard pour recommencer la
vie. D'ailleurs, elle n'était point une femme
ordinaire et le bonheur dans le mariage n'était
pas son lot. Une union tout unie répugnait à
cette âme dépareillée.

## XV

Elle retourna en Bretagne. De Renn_s et de
Lascardais, où elle vivait sous le toit de son
excellente sœur, M^mo de Chateaubourg, elle
écrivait à Chênedollé des lettres charmantes et
tourmentées comme elle-même. Elle ne voulait
ni se lier davantage, ni se délier ; son instinct la
portait aux sentiments les plus douloureux.

Ils s'étaient séparés, ils voulurent se revoir.

Lucile, impatiente comme une malade, l'appela. Il paraît que M^me de Chateaubriand s'efforça, avec un art tout féminin, d'empêcher ce rendez-vous. Mais que pouvait-elle, qu'aiguiser l'impatience de Chênedollé ? Il logeait chez elle ; on le retint ; on fit en sorte que la poste n'eût point de chevaux. Il partit enfin.

Lucile alla au-devant de lui et lui tint dans la voiture ces propos nobles et tristes qui n'étaient point affectés en elle.

— « Quand les hommes et les amis nous abandonnent, dit-elle, il nous reste Dieu et la nature. »

Que parlait-elle d'abandon auprès de cet homme !

Elle se troubla, pâlit et, le front humide de sueur, elle dit avec l'accent étouffé de la tendresse :

— Monsieur de Chênedollé, ne me trompez-vous point ? M'aimez-vous ? »

Mais s'arrêtant dans ce mol abandon elle reprit :

— « Ne croyez pas, au moins, que je veuille vous épouser. Je ne ferai jamais mon bonheur aux dépens du vôtre. »

Il la quitta au jour.

— « Je serai heureux, lui dit-il, d'avoir passé un instant à côté de vous dans la vie. Il me semble avoir passé à côté d'une fleur charmante dont j'ai emporté quelques parfums. »

Puis il y eut de grands élans et des paroles brûlantes. Les plus chastes passions ont aussi leurs flammes.

Lucile, agitée et embrasée de nouveau, murmura :

« Je ne dis pas non. »

Peu de jours après, Lucile reçut de Chênedollé une lettre dans laquelle le souvenir du rendez-vous était encore tout vibrant et tout palpitant.

« .... Sans ce mot charmant : *Je ne dis point non,* je serais reparti la mort dans le cœur ; mais cela ne suffit pas, chère Lucile, il faut que

4

vous preniez des mesures pour que nous nous voyions promptement ; il faut que vous vous déterminiez bientôt, et que vous soyez entièrement à moi avant cet hiver. Je ne vois de bonheur que dans notre union, et je sens que vous êtes la seule femme dont les sentiments soient en harmonie avec les miens, et sur laquelle je puisse me reposer dans la vie... Je suis triste et j'ai le cœur flétri. Cette existence isolée me pèse cruellement ; j'ai besoin de quelques mots de vous pour me redonner le goût de la vie. Il me semble qu'il y a plusieurs mois que je ne vous ai quittée, et je ne puis me faire à l'idée de ne point recevoir de vos lettres. Écrivez-moi donc, et dites-moi que vous m'aimez encore un peu... »

Sous quelles mornes influences lut-elle cette page brûlante ? Elle n'y répondit pas et partit pour Rennes, impatiente, fuyant tous et soi-même, se cachant avec cet instinct sauvage des animaux blessés.

Lui, pendant ces longs mois de silence, se

traînait péniblement de Vire à Paris et de Paris à Vire.

Lucile le vit un jour à sa porte. N'y pouvant tenir, il était venu à Rennes. Elle fut surprise et, dans sa tristesse, elle sourit. A qui souriait-elle ? Ce n'était plus à l'amour. Cet homme lui était à charge, et, en même temps qu'elle le recevait, elle se plaignait à René de ce qu'elle appelait bien durement « les impertinences de M. de Chênedollé. » Ce mot nous gâte un peu le roman de Lucile. Un soir, elle retira sa parole et dit à son amant désespéré :

— « Je ne serai jamais à vous. »

Et comment se fût-elle donnée ? Elle ne s'appartenait plus.

Chênedollé éclata en imprécations.

Elle lui reprocha doucement sa violence et garda jusqu'au bout toute la froideur de sa tristesse. L'entrevue s'achevait : penchée, une lampe à la main, sur la rampe de l'escalier, elle le regarda partir avec une expression de visage où il crut voir de la douleur et de l'effroi. Un œil plus sûr y eût reconnu la folie.

Et pourquoi aussi poursuivre de la sorte une malheureuse femme égarée, en qui toute pensée, tout sentiment s'aigrit et s'empoisonne ? L'amour est bien aveugle et bien impitoyable. Comment Chênedollé ne s'arrêta-t-il pas devant les premiers signes de démence ? La nouvelle de la mort de M<sup>me</sup> de Beaumont vint frapper Lucile à Rennes.

## XVI

Dans l'été de 1803, M<sup>me</sup> de Beaumont s'était laissé emmener en traitement au Mont-Dore. Lucile lui envoyait de Lascardais des lettres brûlantes qui restaient sans réponse. M<sup>me</sup> de Beaumont était alors bien affaiblie. Elle écrivait avec grâce à Chênedollé :

— « Je tousse moins, mais il me semble que c'est pour mourir sans bruit. »

Lucile, avertie par son frère de l'état désespéré de leur amie commune, s'obstinait à ne rien craindre.

— « Nous ne la perdrons pas… J'en ai au dedans de moi la certitude, » disait-elle avec son doux entêtement d'illuminée.

M^{me} de Beaumont, incertaine comme les phthisiques, se croyait tantôt sauvée, tantôt perdue.

Elle écrivait dans son journal :

« Ce 21 floréal — 10 mai. — Anniversaire de la mort de ma mère et de mon frère.

« Je péris la dernière et la plus misérable! »

Puis elle se reprenait.

« Cette maladie, écrivait-elle, que j'avais presque la faiblesse de craindre, s'est arrêtée, et peut-être suis-je condamnée à vivre longtemps. »

L'automne vint et emporta ses dernières illusions. On la vit pleurer sur sa mort prochaine. Ces larmes me la font aimer tout à fait. Elle s'éteignit à Rome, dans les bras de Chateaubriand.

A la nouvelle de cette mort, Lucile tomba

dans un noir chagrin. Sa raison, déjà troublée, s'obscurcit étrangement. Elle ne voulait pas croire à cette fin si naturelle, dont son frère avait rédigé une relation qui courait en manuscrit dans le cercle des amis. Elle soupçonnait les machinations les plus odieuses et allait jusqu'à croire à un enlèvement. Les inquiétudes les plus déraisonnables, les soupçons les plus malheureux naissaient dans cette tête à la Jean-Jacques. Elle se croyait sans cesse épiée, universellement persécutée. Elle cachait son adresse à ses amis, et ne trouvait jamais les cachets de ses lettres assez intacts. La modestie de son âme lui faisait chercher le silence, et elle mettait tout le monde dans ses secrets. Elle faisait étalage de cachotteries. Elle soupirait après le repos, et ne pouvait rester en place.

Elle était alors dans un dénûment qu'elle sentait peu, car elle n'avait besoin de rien sur la terre, mais qui la mettait forcément sous une dépendance dont souffrait sa fierté.

# XVII

A l'automne, elle revint à Paris. Chateaubriand ne la prit pas sous son toit, mais il l'installa rue Caumartin, en la trompant avec délicatesse sur le prix véritable du loyer et de la pension. Mais elle quitta la rue Caumartin et alla demeurer dans le faubourg Saint-Jacques, chez les Dames de Saint-Michel. Elle avait là une cellule dont la fenêtre s'ouvrait sur le jardin du couvent. Un jardin sans ombre. Les beaux ombrages conseillent la volupté, et les religieuses se promènent en silence, non sous des bosquets de myrtes, mais entre des carrés de légumes et de plantes médicinales. Dans sa cellule, elle ne se souvint pas de Chênedollé. Leur rupture, qui s'explique assez par l'état d'âme de la pauvre Bretonne, eut, dit-on, une autre cause, que je ne veux pas rechercher. Lucile était en proie, chez les Dames de Saint-Michel, à un sentiment unique, l'amitié de son frère. Cette amitié, agitée et maladive, grandit démesurément.

Il vint la voir et la trouva qui se promenait dans le jardin avec la supérieure. Elle le reçut dans sa chambre. Elle assemblait péniblement ses idées, et ses lèvres étaient agitées d'un mouvement convulsif.

— « Je crois, dit-elle, que le couvent me fait mal. »

Elle ajouta qu'elle se trouverait mieux dans un logement isolé, du côté du Jardin des Plantes, qu'elle pourrait y voir des médecins et se promener.

Il lui dit :

— « Je vais rejoindre ma femme à Vichy; j'irai ensuite chez M. Joubert, à Villeneuve. Viens avec nous. »

Elle répondit qu'elle voulait passer l'été seule et qu'elle renverrait sa femme de chambre Virginie en Bretagne.

Il la laissa assez calme et revint la voir avant son départ pour Vichy.

Pendant cette visite, elle lui lut quelques-uns de ces petits poèmes en prose, d'une tristesse suave, qu'elle écrivait malgré elle et jetait ensuite à l'aventure. Presque tout cela est aujourd'hui perdu. On sait qu'elle faisait aussi des vers, et il nous en reste par hasard quatre d'un goût charmant. Les voici :

A UN AMI

QUE J'AURAIS A T'OFFRIR DE FLEURS
SI, SEMBLABLE A L'AURORE,
COMME ELLE J'AVAIS, PAR MES PLEURS,
LE DON D'EN FAIRE ÉCLORE.

LUCILE

C'est ainsi que cette affligée revêtait sa tristesse d'une forme élégante et choisie.

En se quittant ils s'embrassèrent. Elle le reconduisit sur le palier et, penchée sur la rampe, elle le regarda descendre.

Elle le voyait pour la dernière fois.

## XVIII

Trois mois se passèrent. Ayant quitté les Dames de Saint-Michel, elle s'était retirée seule avec un domestique de quatre-vingts ans, ce bon Saint-Germain qui, ayant été longtemps à M^me de Beaumont, la pleura sans vouloir rien entendre au legs qu'elle lui laissait. On n'en sait pas davantage.

Lucile de Chateaubriand mourut le 9 novembre 1804, dans la trente-huitième année de son âge.

Quelle fut sa dernière pensée ? Nul ne saurait le dire, et l'imagination peut travailler sur ces heures muettes. Les dernières idées des hommes sont le plus souvent des idées d'enfant. Lucile dut revoir, sur son lit de mort, les falaises bretonnes, le vieux château, l'étang mélancolique et, sous les vieux châtaigniers, elle enfant avec ce frère qu'elle aima tant. Mais si l'on veut qu'avant de s'éteindre son âme se soit reconnue dans toute sa plénitude, il faut chercher le secret de ces réflexions suprêmes dans cette piété un peu hautaine, dans cette mélancolie qu'elle préférait à toutes les joies, dans cet amour des passions escarpées et des orages de l'âme, et surtout dans ce fier sentiment de l'honneur qui la garda pure, bien qu'agitée, et qui fit d'elle une vraie Chateaubriand.

Son vieux domestique suivit seul son cercueil. Elle eut le convoi des pauvres, et les restes de cette créature d'élite, portés dans le maigre corbillard que le peuple, qui le connaît, nomme la roulette, furent jetés sans marque dans la fosse commune. Son frère les y laissa. Il s'entendait pourtant à l'arrangement des tombeaux. En Italie il rêva pour lui-même un sarcophage de marbre antique, lit funéraire digne du père d'Eudore et de Cymodocée. Il y renonça et s'arrêta à l'idée d'un cercueil creusé dans le granit et balayé par l'écume de l'Océan. Il voulait qu'après être rentré dans le silence, les bruits sans nombre de la mer rappelassent cette voix qui avait parlé si haut dans le siècle. Et cet artiste, qui maniait avec un haut goût les décors de l'amour et de la mort, ne tenta rien pour tirer de la fosse sans nom celle qu'il tenait pour le plus beau génie de femme qui eût jamais existé. Faut-il expliquer ce consentement au hasard par des influences domestiques ou par l'indifférence d'un homme occupé? J'aime mieux y voir l'effet de cette pensée : Qu'importe où se consume l'argile magnifique et pure qui fut Lucile, et qu'est-ce après tout que la fosse commune, sinon le lit des préférées de Jésus-Christ? D'ailleurs l'écrivain gentilhomme s'est expliqué sur ce point avec ce grand ton qui lui était familier. Prenons ses raisons sans les dépouiller de leur pompe et de leur apprêt.

Il promit que Lucile ne sortirait de son cœur que quand il aurait cessé de vivre. C'est là, mieux que dans l'âme de M. de Chênedollé, qu'elle avait choisi sa tombe. Il la pleura ; il l'a dit et je le crois : c'est sa propre jeunesse qu'il pleurait.

ANATOLE FRANCE

FIN DE LA VIE
DE LUCILE

# ŒUVRES

## DE

# LUCILE

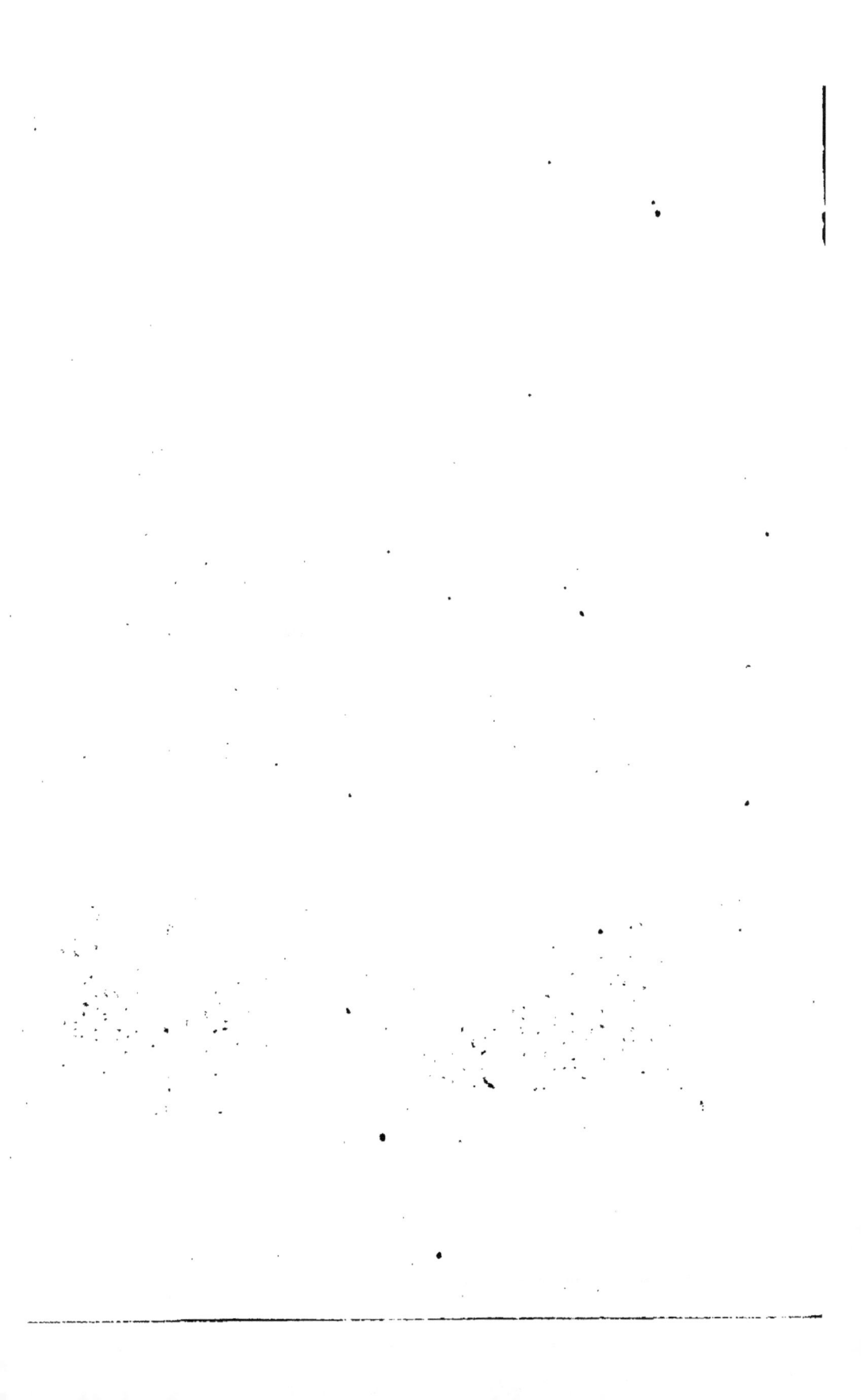

# POËMES

## EN PROSE

# A LA LUNE

Chaste déesse! Déesse si pure, que jamais même les roses de la pudeur ne se mêlent à tes tendres clartés, j'ose te prendre pour confidente de mes sentiments. Je n'ai point, non plus que toi, à rougir de mon propre cœur, mais quelquefois le souvenir du jugement injuste et aveugle des hommes couvre mon front de nuages, ainsi que le tien. Comme toi, les erreurs et les misères de ce monde inspirent mes rêveries. Mais plus heureuse q'ie moi, citoyenne des cieux, tu conserves toujours la sérénité ; les tempêtes et les orages qui s'élèvent de notre globe, glissent sur ton dis que paisible. Déesse aimable à ma tristesse, verse ton froid repos dans mon âme.

# L'AURORE

Quelle douce clarté vient éclairer l'Orient!
Est-ce la jeune Aurore qui entr'ouvre au monde
ses beaux yeux chargés des langueurs du sommeil? Déesse charmante, hâte-toi! quitte la cou-
che nuptiale, prends la robe de pourpre; qu'une
ceinture moelleuse la retienne dans ses nœuds;
que nulle chaussure ne presse tes pieds délicats;
qu'aucun ornement ne profane tes belles mains
faites pour entr'ouvrir les portes du Jour. Mais

tu te lèves déjà sur la colline ombreuse. Tes cheveux d'or tombent en boucles humides sur ton
col de rose. De ta bouche s'exhale un souffle pur
et parfumé. Tendre déité, toute la nature sourit à ta présence ; toi seule verses des larmes, et
les fleurs naissent. »

# L'INNOCENCE

Fille du ciel, aimable Innocence, si j'osais de quelques-uns de tes traits essayer une faible peinture, je dirais que tu tiens lieu de vertu à l'enfance, de sagesse au printemps de la vie, de beauté à la vieillesse et de bonheur à l'infortune; qu'étrangère à nos erreurs, tu ne verses que des larmes pures, et que ton sourire n'a rien que de céleste. Belle Innocence! mais quoi les dangers t'environnent, l'envie t'adresse tous

ses traits ; trembleras-tu, modeste Innocence ?
chercheras-tu à te dérober aux périls qui te me-
nacent ? Non, je te vois debout, endormie, la tête
appuyée sur un autel.

# CONTES

CONTE ORIENTAL

# L'ARBRE SENSIBLE

Un jour Almanzor, assis sur le penchant
d'une colline et parcourant des yeux le paysage
qui s'offrait à sa vue, disait au Génie tutélaire
de cette charmante contrée : « Que la nature est
belle ! Comment l'homme peut-il se priver
volontairement du plaisir de voir les moissons
ondoyer, les prés se couvrir de fleurs, les ruis-
seaux fuir et l'arbre se balancer dans les airs ?
Arbre superbe, de quelles délices tu jouirais si

le ciel t'eût donné du sentiment ! C'est dans ton sein que se réfugient les oiseaux amoureux: c'est sur ton écorce que les amants gravent leurs chiffres; c'est sous ton feuillage que le sage vient rêver au bonheur. Tu prêtes ton abri à toute la nature sensible. Que ne puis-je être toi, ou que n'as-tu mon âme ! « Deviens arbre, indiscret jeune homme, dit à l'instant le Génie; mais reste Almanzor sous son écorce. Sois arbre jusqu'à ce que le repentir te rende ta première forme. » A peine le Génie a-t-il achevé de parler, qu'Almanzor s'élève en arbre majestueux ; il courbe ses superbes rameaux en voûte de verdure impénétrable aux rayons du soleil. Bientôt les oiseaux, les zéphyrs et les pasteurs recherchèrent l'ombrage du nouvel arbre; mais il ne le prêta jamais qu'à regret à l'indifférence. Cependant la belle et insensible Zuleïma vint un soir se reposer sous son ombre. Bientôt le sommeil ferma doucement ses paupières. Que de grâce s'offrent à l'imprudent Almanzor ! Un frémissement insensible s'empare de ses feuilles.

Il incline vers la jeune fille ses rameaux amoureux. Tandis qu'il fait des efforts jaloux pour la dérober à l'univers, Nesser, amant dédaigné de Zuleïma, porte ses pas vers ces lieux; il voit la fille charmante et, d'une main téméraire, il veut écarter le branchage que l'arbre cherche à lui opposer. Nesser est auprès de Zuleïma, il va lui dérober un baiser. L'arbre pousse un gémissement; Nesser fuit, Zuleïma s'éveille : Almanzor a repris sa première forme. Il tombe aux pieds de la fière Zuleïma dont le cœur s'attendrit à la vue de tant de prodiges. Que de belles ont à moins perdu leur indifférence!

# L'ORIGINE DE LA ROSE

Craignant de perdre Rosélia, dès son berceau ses parents alarmés la consacrèrent à Diane. Bientôt la jeune Rosélia, prêtresse de cette Déesse, lui présenta l'encens et les vœux des mortels. Elle ne comptait que seize printemps quand sa mère, par une tendresse sacrilège, l'enleva du temple de Diane pour l'unir au beau Cymédore. « Quoi! répétait sans cesse cette mère imprudente en regardant sa fille, quoi!

ma fille ne connaîtra jamais les douceurs d'un hymen fortuné ! Quoi ! les flammes du bûcher funèbre consumeraient tout entière cette beauté si charmante, qui ne laissera pas après elle de jeunes enfants pour rappeler ses traits et pour bénir sa mémoire ! » Rosélia est conduite de l'autel de Diane à ceux d'Hyménée. Là, sa bouche timide profère de coupables serments, dont son cœur ne connaît pas le danger. Cependant Cymédore, que l'idée de Diane poursuit d'un noir pressentiment, se hâte de sortir avec Rosélia du temple de l'Hymen. Ils en franchissaient les derniers degrés, lorsque Diane leva son mobile flambeau sur la nature. La chaste Déesse n'a pas plutôt aperçu nos époux fugitifs, qu'un trait semblable à ceux dont elle atteignit les enfants de Niobé, part de sa main immortelle et va frapper le cœur de Rosélia. Un soupir qui vint expirer sur les lèvres de cette vierge épouse fut, dit-on, le seul reproche qu'elle adressa à la Déesse. Rosélia chancelle, ses faibles genoux fléchissent sur le gazon qui la

reçoit. Transporté de douleur et d'amour, Cymédore veut soutenir son épouse: mais, ô pro-
dige! il n'embrasse qu'un arbuste qui blesse ses
mains abusées. Cependant cet arbuste, né du
repentir de Diane et des pleurs de l'Amour, se
couvre de roses, fleur jusqu'alors inconnue. Rosélia, sous cette forme nouvelle, conserve ses grâces, sa fraîcheur, et jusqu'au doux parfum de
son haleine. L'amour et la pudeur rougissent
encore son front, et les épines que Diane fait
croître autour de sa tige protègent son sein
embaumé. Cette belle fleur sera d'âge en âge
également chère à la vierge craintive et à la jeune
épouse.

# LETTRES

# LETTRES

A

## M· DE CHÊNEDOLLÉ

### I

Rennes, ce 2 avril 1803.

Mes moments de solitude sont si rares, que je profite du premier pour vous écrire, ayant à cœur de vous dire combien je suis aise que vous soyez plus calme, que je vous demande pardon de l'inquiétude vague et passagère que j'ai sentie au sujet de ma dernière lettre! Je veux

encore vous dire que je ne vous écrirai point le
motif que j'ai cru, à la réflexion, qui vous avait
engagé à me demander ma parole de ne point
me marier. A propos de cette parole, s'il est
vrai que vous avez l'idée que nous pourrons
être un jour unis, perdez tout à fait cette idée :
croyez que je ne suis point d'un caractère à
souffrir jamais que vous sacrifiiez votre destinée
à la mienne. Si lorsqu'il a été, ci-devant, entre
nous question de mariage, mes réponses ne
vous ont point paru ni fermes ni décisives, cela
provenait seul de ma timidité et de mon embarras, car ma volonté était, dès ce temps-là,
fixe et point incertaine. Je ne pense pas vous
peiner par un tel aveu, qui ne doit pas beaucoup vous surprendre, et puis, vous connaissez
mes sentiments pour vous : vous ne pouvez
aussi douter que je me ferais un honneur de
porter votre nom; mais je suis tout à la fois
désintéressée sur mon bonheur, et votre amie :
en voilà assez pour vous faire concevoir ma
conduite avec vous.

Je vous le répète, l'engagement que j'ai pris avec vous de ne point me marier a pour moi du charme, parce que je le regarde presque comme un lien, comme une espèce de manière de vous appartenir. Le plaisir que j'ai éprouvé en contractant cet engagement est venu de ce qu'au premier moment votre désir à cet égard me sembla une preuve non équivoque que je ne vous étais pas bien indifférente. Vous voilà maintenant bien clairement au fait de mes secrets; vous voyez que je vous traite en véritable ami.

S'il ne vous faut, pour rendre vos bonnes grâces aux Muses, que l'assurance de la persévérance de mes sentiments pour vous, vous pouvez vous réconcilier pour toujours avec elles. Si ces divinités, par erreur, s'oublient un instant avec moi, vous le saurez. Je sais que je ne peux consulter sur mes productions un goût plus éclairé et plus sage que le vôtre; je crains simplement votre politesse. Quant à mes Contes, c'est contre mon sentiment, et sans que je m'en

sois mêlée, qu'on les a imprimés dans le *Mer-cure*. Je me rappelle confusément que mon frère m'a parlé à cet égard; mais je n'y fis aucune attention, ni ne répondis. J'étais au moment de quitter Paris; j'étais incapable de rien entendre, de réfléchir à rien; une seule pensée m'occupait, j'étais tout entière à cette pensée. Mon frère a interprété pour moi mon silence d'une façon fâcheuse. Je vous sais gré de l'espèce de reproche que vous me faites au sujet de l'impression de mes Contes, puisqu'il me met *à lieu* de connaître votre soupçon et de le détruire. Soyez bien certain que je n'ai point consenti à la publicité de ces Contes, et que je ne m'en doutais même pas. J'espère que, quand vos affaires de famille seront terminées, vous vous fixerez à Paris; ce séjour vous convient à tous égards, et je voudrais toujours que votre position soit la plus agréable possible. Adieu.

Vous voudrez bien, quand il sera temps, me mander votre départ de Paris, afin que je ne vous y adresse pas mes lettres. Je compte

encore rester quinze jours dans cette ville-ci.
Après cette époque, adressez-moi vos dépêches
à Fougères, à l'hôtel Marigny.

Quoique vos dépêches soient les plus aimables du monde, ne les rendez pas fréquentes;
j'en préfère la continuité. Vous devez être pares-
seux, et moi-même je suis fort sujette à la
paresse. Je vous recommande surtout de me
faire part de tous vos soupçons à mon égard;
cette preuve d'intérêt me sera infiniment précieuse.

## II

Ce 1er juillet 1803.

Je vais répondre de suite à votre lettre du
7 messidor, parce que je pars aujourd'hui pour
la campagne, où il me sera moins facile de vous
écrire. Je suis bien touchée de l'empressement
que vous témoignez de me voir; mais, en vérité,
cela n'est guère possible. Si vous connaissiez

ma bizarre position, vous ne seriez pas étonné
de ce que je vous dis. Si pourtant il est abso-
lument essentiel que vous me parliez, venez
donc me trouver, en dépit de tout, à Lascardais,
chez madame de Chateaubourg, près Saint-
Aubin-du-Cormier, à quatre lieues de Fougères,
sur la route de Rennes. Je vous prie de ne point
me parler dans vos lettres de ce voyage. Si vous
persistez à vouloir l'exécuter, marquez-moi
simplement, quelque temps avant, que tel jour
vous comptez accomplir le projet dont vous
m'avez fait part. Si j'ai le plaisir de vous voir,
je vous dirai le pourquoi de ces précautions,
qui doivent vous paraître folles et qui pourtant
ne sont que simples. Tout ce que vous saurez
pour le moment, c'est que j'ai la certitude qu'on
voit mes lettres et celles que je reçois. Je vais
faire en sorte que celle-ci évite le sort des autres.
Je vous avoue que ce n'est pas sans impatience
que je vois qu'on cherche à me dérober la con-
naissance de nos sentiments et de nos pensées
les plus intimes, et que je m'indigne que les

lettres des personnes qui m'écrivent tombent en
d'autres mains que les miennes. Je suis surprise
que mon frère ne vous ait point encore écrit; il
ne peut sûrement pas vous avoir oublié. Attendez
vous au premier moment à recevoir de son grif-
fonnage. Je vous confie bonnement que la chose
du monde qui me rendrait la plus heureuse, ce
serait de voir mon frère dans le cas de pouvoir
vous être utile. Adieu; je vous écris en courant,
ayant beaucoup de petits arrangements à faire.
Gardez de moi quelque souvenir, et ne négli-
gez rien pour le rétablissement de votre santé.

Adressez-moi désormais vos lettres chez
madame de Chateaubourg, à Lascardais, à
Saint-Aubin-du-Cormier, près Fougères.

Mandez-moi le plus tôt que vous pourrez que
vous avez reçu cette lettre, et n'oubliez pas non
plus de me marquer un certain temps d'avance
le moment de votre arrivée à Lascardais, par la
raison que je ne vais point être fixe nulle part une
partie de l'été.

# III

Lascardais, ce 23 juillet 1803.

J'ai reçu le 19 de ce mois votre lettre en date
du 12, par laquelle vous m'annonciez votre
arrivée. Je vous ai attendu, comme bien vous
pensez, avec impatience. Ne vous voyant pas
paraître, je me suis livrée à mille diverses inquiétudes. J'espère qu'une cause toute simple
est la seule raison qui vous a empêché d'accomplir votre projet; je vous prie de m'écrire
pour lever tous mes doutes à cet égard. Je vous
préviens que je suis dans un pays si perdu, que
vos lettres mettront un temps infini à me par-
venir; qu'elles pourront même se perdre en
route, ainsi que les miennes. Ainsi, ne soyez
pas surpris du silence que je pourrai paraître
garder avec vous. Tenez-vous convaincu pour
jamais que mes sentiments pour vous sont inal-
térables, et que vous êtes et serez sans cesse

présent à ma pensée. Je vous remercie de la manière dont vous avez écrit votre dernière lettre; croiriez-vous pourtant qu'on a deviné de quel projet vous vouliez me parler? Je crois qu'on serait charmé de le détourner; mais je ne vois pas comment, si vous y êtes bien résolu. Adieu; je n'ajoute rien de plus à cette lettre, pensant que vous êtes à peu près aussi habile que moi sur tout ce que mon amitié pourrait me dicter de plus. Je vais écrire à mon frère et lui faire les reproches qu'il mérite à votre égard; soyez certain qu'il n'est coupable envers vous que de négligence. Persistez donc dans la bonne résolution de lui conserver tout votre attachement. Adieu encore une fois.

# LETTRES

A

## MADAME DE BEAUMONT

I

A Lascardais, ce 30 juillet (1803).

J'ai été si charmée, madame, de recevoir enfin une lettre de vous, que je ne me suis pas
donné le temps de prendre le plaisir de la lire
de suite tout entière: j'en ai interrompu la lecture pour aller apprendre à tous les habitants
de ce château que je venais de recevoir de vos
nouvelles, sans réfléchir qu'ici ma joie n'im-

porte guère, et que même presque personne ne
savait que j'étais en correspondance avec vous.
Me voyant environnée de visages froids, je suis
remontée dans ma chambre, prenant mon parti
d'être seule joyeuse. Je me suis mise à achever
de lire votre lettre, et, quoique je l'aie relue
plusieurs fois, à vous dire vrai, madame, je ne
sais pas tout ce qu'elle contient. La joie que je
ressens toujours en voyant cette lettre si désirée,
nuit à l'attention que je lui dois.

Vous partez donc, madame? N'allez pas,
rendue au Mont-d'Or, oublier votre santé;
donnez-lui tous vos soins, je vous en supplie
du meilleur et du plus tendre de mon cœur.
Mon frère m'a mandé qu'il espérait vous voir
en Italie. Le destin, comme la nature, se plaît
à le distinguer de moi d'une manière bien favo-
rable. Au moins, je ne céderai pas à mon frère
le bonheur de vous aimer : je le partagerai
avec lui toute la vie. Mon Dieu, madame, que
j'ai le cœur serré et abattu! Vous ne savez
pas combien vos lettres me sont salutaires,

5

comme elles m'inspirent du dédain pour mes maux! L'idée que je vous occupe, que je vous intéresse, m'élève singulièrement le courage. Écrivez-moi donc, madame, afin que je puisse conserver une idée qui m'est si nécessaire.

Je n'ai point vu M. Chênedollé; je désire beaucoup son arrivée. Je pourrai lui parler de vous et de M. Joubert; ce sera pour moi un bien grand plaisir. Souffrez, madame, que je vous recommande encore votre santé, dont le mauvais état m'afflige et m'occupe sans cesse. Comment ne vous aimez-vous pas? Vous êtes si aimable et si chère à tous: ayez donc la justice de faire beaucoup pour vous.

## II

Ce 2 septembre (1803).

Ce que vous me mandez, madame, de votre santé, m'alarme et m'attriste; cependant, je me rassure en pensant à votre jeunesse, en songeant que, quoique vous soyez fort délicate, vous êtes pleine de vie.

Je suis désolée que vous soyez dans un pays qui vous déplaît. Je voudrais vous voir environnée d'objets propres à vous distraire et à vous ranimer. J'espère qu'avec le retour de votre santé, vous vous réconcilierez avec l'Auvergne : il n'est guère de lieu qui ne puisse offrir quelque beauté à des yeux tels que les vôtres. J'habite maintenant Rennes : je me trouve assez bien de mon isolement. Je change, comme vous voyez, madame, souvent de demeure; j'ai bien la mine d'être déplacée sur la terre : effectivement, ce n'est pas d'aujourd'hui que je me regarde comme une de ses productions superflues. Je crois, madame, vous avoir parlé de mes chagrins et de mes agitations. A présent, il n'est plus question de tout cela, je jouis d'une paix intérieure qu'il n'est plus au pouvoir de personne de m'enlever. Quoique parvenue à mon âge, ayant, par circonstance et par goût, mené presque toujours une vie

solitaire, je ne connaissais, madame, nullement
le monde : j'ai fait enfin cette maussade con-
naissance. Heureusement, la réflexion est ve-
nue à mon secours. Je me suis demandé qu'a-
vait donc ce monde de si formidable et où ré-
sidait sa valeur, lui qui ne peut jamais être,
dans le mal comme dans le bien, qu'un objet
de pitié ? N'est-il pas vrai, madame, que le jugement de l'homme est aussi borné que le reste
de son être, aussi mobile et d'une incrédulité
égale à son ignorance ? Toutes ces bonnes ou
mauvaises raisons m'ont fait jeter avec aisance,
derrière moi, la robe bizarre dont je m'étais
revêtue : je me suis trouvée pleine de sincérité
et de force ; on ne peut plus me troubler.

Je travaille de tout mon pouvoir à ressaisir
ma vie, à la mettre tout entière sous ma dépendance.

Croyez aussi, madame, que je ne suis point
trop à plaindre, puisque mon frère, la meilleure partie de moi-même, est dans une situation agréable, qu'il me reste des yeux pour

admirer les merveilles de la nature, Dieu pour
appui, et pour asile un cœur plein de paix et
de doux souvenirs. Si vous avez la bonté, madame, de continuer à m'écrire, cela me sera
un grand surcroît de bonheur.

# LETTRES

## AU

# Vᵗᵉ DE CHATEAUBRIAND

I

Le 4 octobre (1803).

J'avais commencé l'autre jour une lettre pour toi ; je viens de la chercher inutilement ; je t'y parlais de madame de Beaumont, et je me plaignais de son silence à mon égard. Mon ami, quelle triste et étrange vie je mène depuis quelques mois ! Aussi ces paroles du prophète me reviennent sans cesse à l'esprit : *Le Seigneur vous couronnera de maux*, *et vous jettera comme une balle*. Mais laissons mes peines et parlons de tes inquiétudes. Je ne puis me les persuader fondées : je vois toujours madame de Beaumont pleine de vie et de jeunesse, et presque immatérielle ; rien de funeste ne peut, à son sujet, me tomber dans le cœur. Le Ciel, qui connait nos sentiments pour elle, nous la conservera sans doute.

Mon ami, nous ne la perdrons point ; il me semble que j'en ai au dedans de moi la certitude. Je me plais à penser que, lorsque tu recevras cette lettre, tes soucis seront dissipés. Dis-lui de ma part tout le véritable et tendre intérêt que je prends à elle ; dis-lui que son souvenir est pour moi une des plus belles choses de ce monde. Tiens ta promesse, et ne manque pas de m'en donner le plus possible des nouvelles. Mon Dieu ! quel long espace de temps il va s'écouler avant que je ne reçoive une réponse à cette lettre ! Que l'éloignement est quelque chose de cruel ! D'où vient que tu me

parles de ton retour en France ? Tu cherches
à me flatter, tu me trompes. Au milieu de
toutes mes peines, il s'élève en moi une douce
pensée, celle de ton amitié, celle que je suis
dans ton souvenir telle qu'il a plu à Dieu de
me former.

Mon ami, je ne garde plus sur la terre de sûr
asile pour moi que ton cœur ; je suis étrangère
et inconnue pour tout le reste. Adieu, mon
pauvre frère ! te reverrai-je ? cette idée ne s'offre
pas à moi d'une manière bien distincte. Si tu
me revois, je crains que tu ne me retrouves
qu'entièrement insensée. Adieu, toi à qui je
dois tant, adieu, félicité sans mélange ! O souvenirs de mes beaux jours, ne pouvez-vous
donc éclairer un peu maintenant mes tristes
heures ?

Je ne suis pas de ceux qui épuisent toute
leur douleur dans l'instant de la séparation ;
chaque jour ajoute au chagrin que je ressens de
ton absence, et serais-tu cent ans à Rome que
tu ne viendrais pas à bout de ce chagrin. Pour

me faire illusion sur ton éloignement, il ne se passe pas de jour où je ne lise quelques feuilles de ton ouvrage; je fais tous mes efforts pour croire t'entendre. L'amitié que j'ai pour toi est bien naturelle : dès notre enfance, tu as été mon défenseur et mon ami ; jamais tu ne m'as coûté une larme, et jamais tu n'as fait un ami sans qu'il ne soit devenu le mien. Mon aimable frère, le ciel, qui se plaît à se jouer de toutes mes autres félicités, veut que je trouve mon bonheur tout en toi, que je me confie à ton cœur. Donne-moi vite des nouvelles de madame de Beaumont. Adresse-moi tes lettres chez mademoiselle Lamotte, quoique je ne sache pas quel espace de temps j'y pourrai rester. Depuis notre dernière séparation, je suis toujours, à l'égard de ma demeure, comme un sable mouvant qui me manque sous les pieds : il est bien vrai que pour quiconque ne me connaît pas, je dois paraître inexplicable; cependant je ne varie que de forme, car le fond reste constamment le même.

## II

Je me reposais de mon bonheur sur toi et sur madame de Beaumont, je me sauvais dans votre idée de mon ennui et de mes chagrins; toute mon occupation était de vous aimer. J'ai fait cette nuit de longues réflexions sur ton caractère et ta manière d'être. Comme toi et moi nous sommes toujours voisins, il faut, je crois, du temps pour me connaître, tant il y a diverses pensées dans ma tête! tant ma timidité et mon espèce de faiblesse extérieure sont en opposition avec ma force intérieure! En voilà trop sur moi. Mon illustre frère, reçois le plus tendre remercîment de toutes les complaisances que tu n'as cessé de me donner. Voilà la dernière lettre de moi que tu recevras le matin. J'ai beau te faire part de mes idées, elles n'en restent pas moins tout entières en moi.

# III

Me crois-tu sérieusement, mon ami, à l'abri
de quelque impertinence de monsieur Chênedollé? Je suis bien décidée à ne point l'inviter
à continuer ses visites ; je me résigne à ce que
celle de mardi soit la dernière. Je ne veux point
gêner sa politesse. Je ferme pour toujours le
livre de ma destinée, et je le scelle du sceau de
la raison ; je n'en consulterai pas plus les pages,
maintenant, sur les bagatelles que sur les choses
importantes de la vie. Je renonce à toutes mes
folles idées ; je ne veux m'occuper ni me cha-
griner de celles des autres ; je me livrerai à corps
perdu à tous les événements de mon passage
dans ce monde. Quelle pitié que l'attention que
je me porte ! Dieu ne peut plus m'affliger qu'en
toi. Je le remercie du précieux, bon et cher présent, qu'il m'a fait en ta personne et d'avoir
conservé ma vie sans tache : voilà tous mes tré-
sors. Je pourrais prendre, pour emblème de ma

vie, la lune dans un nuage, avec cette devise :
*Souvent obscurcie, jamais ternie.* Adieu, mon
ami. Tu seras peut-être étonné de mon langage,
depuis hier matin. Depuis t'avoir vu, mon cœur
s'est relevé vers Dieu, et je l'ai placé tout entier
au pied de la croix, sa seule et véritable place.

## IV

Ce jeudi.

Bonjour, mon ami. De quelle couleur sont
tes idées ce matin? Pour moi, je me rappelle
que la seule personne qui put me soulager quand
je craignais pour la vie de madame de Farcy,
fut celle qui me dit : — Mais il est dans l'ordre
des choses possibles que vous mourriez avant
elle. Pouvait-on frapper plus juste? Il n'est rien
de tel, mon ami, que l'idée de la mort pour nous
débarrasser de l'avenir. Je me hâte de te débarrasser de moi ce matin, car je me sens trop en
train de dire de belles choses. Bonjour, mon
pauvre frère. Tiens-toi en joie.

## V

Lorsque madame de Farcy existait, toujours près d'elle, je ne m'étais pas aperçue du besoin d'être en société de pensées avec quelqu'un. Je possédais ce bien sans m'en douter. Mais depuis que nous avons perdu cette amie, et les circonstances m'ayant séparée de toi, je connus le supplice de ne pouvoir jamais délasser et renouveler son esprit dans la conversation de quelqu'un; je sens que mes idées me font mal lorsque je ne puis m'en débarrasser; cela tient sûrement à ma mauvaise organisation. Cependant, je suis assez contente depuis hier de mon courage. Je ne fais nulle attention à mon chagrin, et à l'espèce de défaillance intérieure que j'éprouve. Je me suis délaissée. Continue à être toujours aimable envers moi : ce sera humanité ces jours-ci. Bonjour, mon ami. A tantôt, j'espère.

## VI

Sois tranquille, mon ami, ma santé se réta-
blit à vue d'œil. Je me demande souvent pourquoi j'apporte tant de soins à l'étayer. Je suis
comme un insensé qui édifierait une fortune au
milieu d'un désert. Adieu, mon pauvre frère.

## VII

Comme ce soir je souffre beaucoup de la
tête, je viens tout simplement, au hasard, de
t'écrire quelques pensées de Fénelon pour rem-
plir mon engagement.

« On est bien à l'étroit quand on se renferme
« au dedans de soi. Au contraire, on est bien
« au large quand on sort de cette prison pour
« entrer dans l'immensité de Dieu.

« Nous retrouverons bientôt ce que nous avons
« perdu. Nous en approchons tous les jours à

« grands pas. Encore un peu, et il n'y aura plus
« de quoi pleurer. C'est nous qui mourons :
« ce que nous aimons vit et ne mourra point. »

« Vous vous donnez des forces trompeuses,
« telle que la fièvre ardente en donne au malade.
« On voit en vous, depuis quelques jours, un
« mouvement convulsif pour montrer du
« courage et de la gaieté avec un fonds d'a-
« gonie. »

Voilà tout ce que ma tête et ma mauvaise
plume me permettent de t'écrire ce soir. Si tu
veux, je recommencerai demain et t'en conterai
peut-être davantage. Bonsoir, mon ami. Je ne
cesserai point de te dire que mon cœur se pros-
terne devant celui de Fénelon, dont la tendresse
me semble si profonde et la vertu si élevée.

Bonjour, mon ami. Je te dis à mon réveil
mille tendresses et te donne cent bénédictions.
Je me porte bien ce matin et suis inquiète si tu
pourras me lire et si ces pensées de Fénelon te
paraîtront bien choisies. Je crains que mon
cœur ne s'en soit trop mêlé.

## VIII

Pourrais-tu penser que je m'occupe folle-
ment depuis hier à te corriger? Les Blossac
m'ont confié dans le plus grand secret une
romance de toi. Comme je ne trouve pas que
dans cette romance tu aies tiré parti de tes
idées, je m'amuse à essayer de les rendre dans
toute leur valeur. Peut-on pousser l'audace plus
loin? Pardonnez, grand homme, et ressouvenez-
vous que je suis ta sœur, qu'il m'est un peu
permis d'abuser de vos richesses.

## IX

Saint-Michel.

Je ne te dirai plus : ne viens plus me voir,
parce que n'ayant plus désormais que quelques
jours à passer à Paris, je sens que ta présence
m'est essentielle. Ne me viens voir tantôt qu'à
quatre heures; je compte être dehors jusqu'à ce
moment. Mon ami, j'ai dans la tête mille idées
contradictoires de choses qui me semblent
exister et n'exister pas, qui ont pour moi l'effet

d'objets qui ne s'offriraient que dans une glace, dont on ne pourrait, par conséquent, s'assurer, quoiqu'on les vît distinctement. Je ne veux plus m'occuper de tout cela; de ce moment-ci, je m'abandonne. Je n'ai pas comme toi la ressource de changer de rive; mais je sens le courage de n'attacher nulle importance aux personnes et aux choses de mon rivage et de me fixer entièrement, irrévocablement, dans l'auteur de toute justice et de toute vérité. Il n'y a qu'un déplaisir auquel je crains de mourir difficilement, c'est de heurter en passant, sans le vouloir, la destinée de quelque autre, non pas dans l'intérêt qu'on pourrait prendre à moi; je ne suis pas assez folle pour cela.

# X

Saint-Michel.

Mon ami, jamais le son de ta voix ne m'a fait tant de plaisir que lorsque je l'entendis hier dans mon escalier. Mes idées, alors, cherchaient à surmonter mon courage. Je fus saisie d'aise de te sentir si près de moi; tu parus et tout mon

6

intérieur rentra dans l'ordre. J'éprouve quelquefois une grande répugnance de cœur à boire mon
calice. Comment ce cœur, qui est un si petit
espace, peut-il renfermer tant d'existence et tant
de chagrins? Je suis bien mécontente de moi,
bien mécontente. Mes affaires et mes idées m'en-
traînent, je ne m'occupe presque plus de Dieu
et je me borne à lui dire cent fois par jour :
Seigneur, hâtez-vous de m'exaucer, car mon
esprit tombe dans la défaillance.

## XI

Mon frère, ne te fatigue ni de mes lettres ni
de ma présence; pense que bientôt tu seras pour
toujours délivré de mes importunités. Ma vie
jette sa dernière clarté, lampe qui s'est consu-
mée dans les ténèbres d'une longue nuit, et qui
voit naître l'aurore où elle va mourir. Veuille,
mon frère, donner un seul coup d'œil sur les
premiers moments de notre existence; rappelle-
toi que souvent nous avons été assis sur les mêmes genoux, et pressés ensemble tous deux sur

le même sein ; que déjà tu donnais des larmes aux
miennes, que dès les premiers jours de ta vie tu
as protégé, défendu ma frêle existence, que nos
jeux nous réunissaient et que j'ai partagé tes premières études. Je ne te parlerai point de notre
adolescence, de l'innocence de nos pensées et de
nos joies, et du besoin mutuel de nous voir sans
cesse. Si je te retrace le passé, je t'avoue ingé-
nuement, mon frère, que c'est pour me faire
revivre davantage dans ton cœur. Lorsque tu
partis pour la seconde fois de France, tu remis
ta femme entre mes mains, tu me fis promettre
de ne m'en point séparer. Fidèle à ce cher engagement, j'ai tendu volontairement mes mains
aux fers et je suis entrée dans ces lieux destinés
aux seules victimes vouées à la mort. Dans ces
demeures, je n'ai eu d'inquiétude que sur ton
sort ; sans cesse j'interrogeais sur toi les pressen-
timents de mon cœur. Lorsque j'eus recouvré la
liberté au milieu des maux qui vinrent m'acca-
bler, la seule pensée de notre réunion m'a soutenue. Aujourd'hui que je perds sans retour

l'espoir de couler ma carrière auprès de toi, souffre mes chagrins. Je me résignerai à ma destinée, et ce n'est que parce que je dispute encore avec elle, que j'éprouve de si cruels déchirements ; mais quand je me serai soumise à mon sort... et quel sort! Où sont mes amis, mes protecteurs, et mes richesses? A qui importe mon existence, cette existence délaissée de tous, et qui pèse tout entière sur elle-même ? Mon Dieu ! n'est-ce pas assez pour ma faiblesse de mes maux présents, sans y joindre encore l'effroi de l'avenir? Pardon, trop cher ami, je me résignerai; je m'endormirai d'un sommeil de mort sur ma destinée. Mais pendant le peu de jours que j'ai affaire dans cette ville, laisse-moi chercher en toi mes dernières consolations; laisse-moi croire que ma présence t'est douce. Crois que parmi les cœurs qui t'aiment, aucun n'approche de la sincérité et de la tendresse de mon impuissante amitié pour toi. Remplis ma mémoire de souvenirs agréables qui prolongent auprès de toi mon existence. Hier, lorsque tu me parlas d'aller chez toi, tu me semblais inquiet et sérieux, tandis que tes paroles étaient affectueuses. Quoi, mon frère, serai-je aussi pour toi un sujet d'éloignement et d'ennui ? Tu sais que ce n'est pas moi qui t'ai proposé l'aimable distraction d'aller te voir, que je t'ai promis de ne point en abuser; mais si tu as changé d'avis, que ne me l'as-tu dit avec franchise? Je n'ai point de courage contre tes politesses. Autrefois, tu me distinguais un peu plus de la foule commune et me rendais plus de justice. Puisque tu comptes sur moi aujourd'hui, j'irai tantôt à onze heures. Nous arrangerons ensemble ce qui te conviendra le mieux pour l'avenir. Je t'ai écrit, certaine que je n'aurai pas le courage de te dire un seul mot de ce que contient cette lettre.

# TÉMOIGNAGES

SUR

## LUCILE

# TÉMOIGNAGES

## I

### LUCILE

Lucile était grande et d'une beauté remarquable, mais sérieuse. Son visage pâle était accompagné de longs cheveux noirs; elle attachait souvent au ciel ou promenait autour d'elle des regards pleins de tristesse ou de feu. Sa démarche, sa voix, son sourire, sa physionomie avaient quelque chose de rêveur et de souffrant.

Lucile et moi nous étions inutiles. Quand nous parlions du monde, c'était de celui que nous portions au dedans de nous, et qui ressemblait bien peu au monde véritable. Elle voyait en moi son protecteur, je voyais en elle mon amie. Il lui prenait des accès de pensées noires que j'avais peine à dissiper; à dix-sept ans, elle déplorait la perte de ses jeunes années; elle se voulait ensevelir dans un cloître. Tout lui était souci, chagrin, blessure; une expression qu'elle cherchait, une chimère qu'elle s'était faite, la tourmentaient des mois entiers. Je l'ai souvent vue, un bras jeté sur sa tête, rêver immobile et inanimée; retirée vers son cœur, sa vie cessait de paraître au dehors! Son sein même ne se soulevait plus. Par son attitude, sa mélancolie, sa vénusté, elle ressemblait à un génie funèbre. J'essayais alors de la consoler et l'instant d'après je m'abîmais dans des désespoirs inexplicables.

Lucile aimait à faire seule, vers le soir, quelque lecture pieuse. Son oratoire de prédilection était l'embranchement de deux routes champêtres, marqué par une croix de pierre et par un peuplier, dont le long style s'élevait dans le ciel comme un pinceau. Ma dévote mère, toute charmée, disait que sa fille lui représentait une chrétienne de la primitive Église, priant à ces stations appelées *Laures*.

De la concentration de l'âme naissaient chez ma sœur des effets d'esprit extraordinaires : endormie, elle avait des songes prophétiques; éveillée, elle semblait lire dans l'avenir. Sur un palier de l'escalier de la grande tour, battait une pendule qui sonnait le temps en silence; Lucile, dans ses insomnies, s'allait asseoir sur une marche, en face de cette pendule; elle regardait le cadran à la lueur de sa lampe posée à terre. Lorsque les deux aiguilles, unies à minuit, enfantaient dans leur conjonction formidable l'heure des désordres et des crimes, Lucile entendait des bruits qui lui révélaient des trépas lointains.

Se trouvant à Paris quelques jours avant le 10 août, et demeurant avec mes autres sœurs dans le voisinage du couvent des Carmes, elle jette les yeux sur une glace, pousse un cri et dit : « Je viens de voir entrer la mort. » Dans les bruyères de la Calédonie, Lucile eût été une femme céleste de Walter Scott, douée de la seconde vue; dans les bruyères armoricaines, elle n'était qu'une solitaire avantagée de beauté, de génie et de malheur.

(*Mémoires d'outre-tombe,* édit. Penaud, p. 213 et suiv.)

## II

### PREMIER SOUFFLE DE LA MUSE

La vie que nous menions à Combourg, ma sœur et moi, augmentait l'exaltation de notre âge et de notre caractère. Notre principal désennui consistait à nous promener côte à côte dans le grand mail, au printemps sur un tapis de primevères, en automne sur un lit de feuilles séchées, en hiver sur une nappe de neige que brodait la trace des oiseaux, des écureuils et des hermines. Jeunes comme les primevères, tristes comme la feuille séchée, purs comme la

neige nouvelle, il y avait harmonie entre nos
récréations et nous.

Ce fut dans une de ces promenades que Lucile, m'entendant parler avec ravissement de
la solitude, me dit : « Tu devrais peindre tout
cela. » Ce mot me révéla la muse ; un souffle
divin passa sur moi. Je me mis à bégayer des
vers, comme si c'eût été ma langue naturelle ;
jour et nuit je chantais mes plaisirs, c'est-à-dire
mes bois et mes vallons ; je composais une
foule de petites idylles ou tableaux de la nature. J'ai écrit longtemps en vers avant d'é-
crire en prose ; M. de Fontanes prétendait que
j'avais reçu les deux instruments.

Ce talent que me promettait l'amitié, s'est-il
jamais levé pour moi ? Que de choses j'ai vai-
nement attendues ! Un esclave, dans l'*Aga-
memnon* d'Eschyle, est placé en sentinelle au
haut du palais d'Argos ; ses yeux cherchent à
découvrir le signal convenu du retour des vais-
seaux ; il chante pour solacier ses veilles, mais
les heures s'envolent et les astres se couchent,

et le flambeau ne brille pas. Lorsque, après
maintes années, sa lumière tardive apparaît
sur les flots, l'esclave est courbé sous le poids
du temps; il ne lui reste plus qu'à recueillir
des malheurs, et le chœur lui dit « qu'un
vieillard est une ombre errante à la clarté du
jour. » Οναρ ἡμεροφοντον αλοίνει.

(Ibid., p. 219 et suiv.)

## III

### MANUSCRIT DE LUCILE

Dans les premiers enchantements de l'inspi-
ration, j'invitai Lucile à m'imiter. Nous passions des jours à nous consulter mutuellement,
à nous communiquer ce que nous avions fait,
ce que nous comptions faire. Nous entrepre-
nions des ouvrages en commun; guidés par
notre instinct, nous traduisîmes les plus beaux
et les plus tristes passages de Job et de Lucrèce
sur la vie : le *Tædet animam meam vitæ meæ*,
l'*homo natus de muliere*, le *Tum porro puer,
ut sævis projectis ab undis novita*, etc.

Les pensées de Lucile n'étaient que des sentiments; elles sortaient avec difficulté de son âme; mais, quand elle parvenait à les exprimer, il n'y avait rien au-dessus.

Elle a laissé une trentaine de pages manuscrites; il est impossible de les lire sans être profondément ému.

L'élégance, la suavité, la rêverie, la sensibilité passionnée de ces pages offrent un mélange du génie grec et du génie germanique.

(*Ibid.*, p. 221 et suiv.)

## IV

### SOUVENIRS D'ENFANCE

Timide et contraint devant mon père, je ne trouvois l'aise et le contentement qu'auprès de ma sœur Amélie. Une douce conformité d'humeur et de goûts m'unissoit étroitement à cette sœur, elle étoit un peu plus âgée que moi. Nous aimions à gravir les coteaux ensemble, à voguer sur le lac, à parcourir les bois à la

chute des feuilles : promenades dont le souvenir remplit encore mon âme de délices. O illusions de l'enfance et de la patrie, ne perdez-
vous jamais vos douceurs!...

Amélie avoit reçu de la nature quelque chose
de divin; son âme avoit les mêmes grâces in-
nocentes que son corps; la douceur de ses sentiments étoit infinie; il n'y avoit rien que de
suave et d'un peu rêveur dans son esprit; on
eût dit que son cœur, sa pensée et sa voix sou-
piroient comme de concert; elle avoit de la
femme la timidité et l'amour, et de l'ange la
pureté et la mélodie.

(*René*, édit. Ladvocat, t. XVI, p. 143 et 167.)

## V

### MORT DE LUCILE

Ma sœur fut enterrée parmi les pauvres :
dans quel cimetière fut-elle déposée ? dans quel
flot immobile d'un océan de morts fut-elle
engloutie ? dans quelle maison expira-t-elle au

sortir de la communauté des Dames de Saint-Michel ? Quand, en faisant des recherches, quand, en compulsant les archives des municipalités, les registres des paroisses, je rencontrerais le nom de ma sœur, à quoi cela me servirait-il ? Retrouverais-je le même gardien de l'enclos funèbre ? retrouverais-je celui qui creusa une fosse demeurée sans nom et sans étiquette ? Les mains rudes qui touchèrent les dernières une argile si pure, en auraient-elles gardé le souvenir ? Quel nomenclateur des ombres m'indiquerait la tombe effacée ? ne pourrait-il pas se tromper de poussière ? Puisque le ciel l'a voulu, que Lucile soit à jamais perdue ! Je trouve dans cette absence de lieu une distinction d'avec les sépultures de mes autres amis. Ma devancière dans ce monde et dans l'autre prie pour moi le Rédempteur ; elle le prie du milieu des dépouilles indigentes parmi lesquelles les siennes sont confondues : ainsi repose égarée, parmi les préférés de Jésus-Christ, la mère de Lucile et la mienne.

Dieu aura bien su reconnaître ma sœur, et elle
qui tenait si peu à la terre, n'y devait point
laisser de traces. Elle m'a quitté, cette Sainte
de génie. Je n'ai pas été un seul jour sans la
pleurer. Lucile aimait à se cacher : je lui ai fait
une solitude dans mon cœur : elle n'en sortira
que quand j'aurai cessé de vivre.

Ce sont là les vrais, les seuls événements de
ma vie réelle ! Que m'importaient, au moment
où je perdais ma sœur, les milliers de soldats
qui tombaient sur les champs de bataille,
l'écroulement des trônes et le changement de
la face du monde ?

La mort de Lucile atteignit aux sources de
mon âme : c'était mon enfance au milieu de ma
famille, c'étaient les premiers vestiges de mon
existence qui disparaissaient. Notre vie ressemble à ces bâtisses fragiles, étayées dans le ciel,
par des arcs-boutants ; ils ne s'écroulent pas à
la fois, mais se détachent successivement, ils
appuient encore quelque galerie, quand déjà
ils manquent au sanctuaire ou au berceau de

l'édifice. Madame de Chateaubriand, toute meurtrie encore des caprices impérieux de Lucile, ne vit qu'une délivrance pour la chrétienne arrivée au repos du Seigneur. Soyons doux, si nous voulons être regrettés : la hauteur du génie et les qualités supérieures ne sont pleurées que des anges. Mais je ne puis entrer dans la consolation de Madame de Chateaubriand.

(*Mémoires d'outre-tombe,* t. V, p. 10-12.)

# TABLE DES MATIÈRES

## CONTENUES DANS CE VOLUME

IMPRIMÉ

PAR

CL. MOTTEROZ

A

PARIS.

www.ingramcontent.com/pod-product-compliance
Lightning Source LLC
Chambersburg PA
CBHW060155100426
42744CB00007B/1034